사진촬영_ 김강산

김 우 전

숲 속 국어 시간

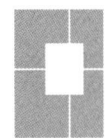

애지시선 094

숲 속 국어 시간

2020년 11월 30일 초판 1쇄 발행

지은이 김우전
펴낸이 윤영진
기획편집 함순례
홍보 한천규
펴낸곳 도서출판 애지
등록 제 2005-000005호
주소 34570 대전광역시 동구 대전천북로 12
전화 042 637 9942
팩스 042 635 9941
전자우편 ejiweb@hanmail.net
ⓒ김우전 2020
ISBN 978-89-92219-95-2 03810

* 저자와의 협의에 의해 인지를 생략합니다.
* 이 책 내용의 전부 또는 일부를 재사용하려면 저자와 애지 양측의 동의를 받아야 합니다.

예지시선 094

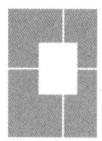

숲 속 국어 시간

김우전 시집

시인의 말

시에 달려

시달리는 밤은 많고 적막하다. 뒷산에서는 수컷 고라니가 암컷을 부르고 밭의 식구들은 청개구리 울음에 뿌리를 더 깊이 내린다. 어떤 밤에는 비바람이 휘몰아치고 이따금 뜬소문처럼 눈발이 흩날리기도 한다.

온몸이 시로 달린다.
온몸으로 시를 달인다.

시야 달려라.

2020 겨울
김우전

■ 차례

시인의 말　005

1부
성지 순례　012
숲 속 국어 시간　014
부조역 —유금리 시편　017
그늘집 —유금리 시편　020
겨울, 안개밤 —유금리 시편　022
구름 기차　024
달개비　026
할매 찌찌　028
점수 벌레　030
가벼운 장례　032
허공에서의 동거　034
숲에 눕다　036
상　038
한식구　040

2부

새벽 044

밥솥 046

하필 048

반성문 050

어떤 전쟁터 051

구름 사탕 피는 풍경 052

오늘 054

헌 옷 056

밥줄 058

부활절 전날 아침 060

복날 062

폐타이어 064

자궁 같은 무덤 속에서 066

고구마 밭에서 생긴 일 —유금리 시편 068

3부

아 —유금리 시편 072
겨울 새벽 —유금리 시편 074
함박꽃 빤스 —유금리 시편 076
웃음 한 장 078
상사화 080
신발 081
문자 메시지 082
겨울 084
쉰 고개 넘으니 086
의자와 함박꽃 088
잘못 쓴 글자 같은 090
길 위에 있다 092
겨울 편지 094
돌 096

4부

오래된 신방 —유금리 시편　098
군불 —유금리 시편　100
빈집 —유금리 시편　102
봄밤 —유금리 시편　104
뻐꾸기 소리 —유금리 시편　106
닭　107
기다린다는 것은　108
어떤 소신공양　110
사막　112
별　114
바람은 잠자는 소리들을 깨워　116
꿀비 맞는 날　118
말춤　119
개처럼 물을　122

해설　손진은　125

〈일러두기〉

*본문에서 〉는 '단락 공백 표시'로 한 연이 새로 시작된다는 표시이다.

1부

성지 순례

계명성 가물거리고
나는 순례에 오릅니다

입구의 근위병 풀들에게
종아리 맞지 않으려 긴 바지 입고

하얀 고무신은 벗어
가지런히 놓습니다

일배일보 잘 살피는 엄지발가락

겨울 박해 견딘 힘으로 알뿌리 겹겹 여미는
양파의 매운 숨소리 피어오르네요

자랑스레 내민 어린 고추에게
허리 숙여 묻는 안부

사리 같은 호박 다문다문 달고
넝쿨은 무량하신 햇살젖
넓은 혓바닥으로 널름널름 양껏 챙겨드십니다

천 배 만 배 밀어 올리는 천의무봉의 기적
들끓던 머릿속 쥐떼는 달아났는지

발바닥에 묻힌 흙이 먹여 살리는
나의 하루입니다

숲 속 국어 시간

 산기슭 밭에 갖가지 채소를 심었습니다 철통 경계병으로 허수아비 둘 세우고 나무 막대기 얼기설기 철옹성인 양 두르고 '멧돼지, 고라니 등등 산짐승은 허락 없이 출입을 금합니다' 경고문도 제법 삼엄하게 걸었습니다 그래도 놈들은 무시로 드나들며 어린 순들을 뜯어 먹었지요 한서너 번은 못 본 척하다, 허허 웃다, 더 이상 참을 수 없다는 듯 짐짓 언성 높여 집합 명령을 내리겠지요

 다 모였어
 멧돼지 빼곤 다 왔니더
 그래, 이놈 어디 오기만 와 봐라
 작년엔 고구마도 반 넘게 캐 먹고
 옥수수는 하나도 남김없이 먹어치우더니만
 어쭈, 이젠 지각까지 해?

 다른 건 안 가르치고
 출입을 금합니다만 가르칩니다

그 글자 눈에 박히도록
그 구절만 보면 발길 절로 돌려지도록
백 번씩 외게 해놓고
참나무에 등 대고 참바람 소리 안주 삼아
나는 막걸리를 마실 겝니다
음주 수업인 셈이지요

막걸리 냄새 맡고 지각생 멧돼지 쿵쿵거리며 오겠지요
벌주를 먹여야겠지요
나는 잔에, 놈은 병째
주거니 받거니
그러다 나도 모르게 잠이 들지요
잠결에 볼 핥는 축축하고 뜨듯한 기운에 실눈 뜨면
샘요, 종례 안 합니꺼 아―들 다 가뿌렀니더
둥글고 새까만 눈망울의 고라니만 남아
시큰둥한 얼굴로 내려다보고 있겠지요
)

내가 심은 채소들 먹었으니
한 밭이 키운 것들 먹었으니 나와는
사촌으로 이웃하는 사이라 할 수 있겠지요
낄, 낄, 낄,

부조역
― 유금리 시편

　경주 강동면 유금리에는요 기차가 산굽이 돌아 병아리 물 한 모금 마실 시간만큼만 멈칫하는 扶助驛이라는 간이역이 있지요 이놈의 앉은 뽄새를 볼라치면, 혼자 소꿉놀이하는 어린 누인데요 봄날 오후처럼 늘 꾸벅꾸벅 졸고 있지 않겠어요 그러다가도 하루 네 번 서는 통일호나 느림보 비둘기가 올 때만큼은요 언제 그랬냐는 듯 말랑말랑한 가슴 헤쳐 말간 얼굴로 타고 내리는 두꺼운 손 한번 슬쩍 잡아보고 떠나는 기차 마지막 칸을 더덕꽃잎 눈으로 그렁그렁 바라보곤 하지요

　낮에는요, 양쪽으로 훤히 뚫린 철길 따라 안강이나 포항 다녀오는 바람이 역사에 들러 심심한 역무원의 목덜미를 애인 머리 쓰다듬듯 살살 어루만지기라도 하면 토라져 돌아앉아 마음 비운 척 먼산배기처럼 있다가도 기차가 산모퉁이 돌아 느릿느릿 숨 몰아쉬는 기미가 보이면 역무원보다 먼저 앙증맞은 엉덩일 들썩인답니다 오지랖은 또 얼마나 넓은지 숙제 안 했다고 벌청소하고 돌아가는 아이

보고 키득거리다 그 아이 눈알 부라리면 시치미 떼는 데
는 선수이지요

 흔한 눈물과 웃음 한 덩어리로 다스려지는 유금리 순한
이마 위로 아가 눈 닮은 별 뜨면 어둠보다 먼저 등불 밝히
고 마을의 지붕이란 지붕들 중 가장 오래 노을빛 받고 가
장 먼저 별빛 보는데요 막차 타고 온 고단한 신발 몇, 모
퉁이 돌아 사라질 때까지 길 환히 밝혀주곤 두둥실 떠올
라 고추꽃 같은 별들과 손잡고 산 너머 양동마을로 놀러
갔다 첫차 오는 새벽이나 되어야 돌아온다나요

 별들이 찾아오면 눈 맞추며 놀고
 형산강 건넌, 품 넓은 바람 불어오면
 말없이 뺨 부비며 어깨동무하고
 햇살 마음대로 드나들게 헐렁한 거라고
 그래서 말간 하늘과 이마 맞대고 살 수 있는 거라고

가끔 떠돌이 개가 그 앞에서 걸을 때마다 삐걱거리는 뼈를 주물러 주는 햇살에 등 맡기고 홀짝홀짝 졸음 마시는 때도 있지요 이런 간이역에 들꽃 씨앗으로 내리고 싶은 거라 내려서는 들꽃으로 피어나고 싶은 거라 향 맑은 햇살 한 세 모금쯤만 달게 마시고 바람과 몸 섞으며 대추씨 같은 한 살림 살아지고 싶은 거라 한 세상 부조하고 싶은 거라

그늘집
― 유금리 시편

임자는 감나무이시다
팔순 갓 넘은 어른이시다

이른 봄부터 연둣빛 덧칠하며
천장 도배하시더니

태양도 감히 더위 들여보내지 못하는
그늘집 한 채 드디어 완공하셨다

초록 부채 살랑살랑 흔들어
초록 바람 수런거리는

벽도, 두드려야 할 문도 없는
둥그스름한 방 하나 달랑 있는 집

고추밭 매던 챙 넓은 모자에게 권하는
막사ˊ 한 사발 목젖 적시기도 전

〉
듬성듬성한 지붕으로
뻐꾹 뻐꾹 뻑뻐꾹
한 소절 들려주신다

모로 누운 떠돌이 개의 배 위로
땡감 떨어뜨리시는

땡볕 여름마다 그늘만으로
적적하고 평평한
허기 같은 한 채 지으신다

* 사이다 섞은 막걸리

겨울, 안개밤
— 유금리 시편

입김 허옇게 어른거린다
몇 겹 어깨가 오그라든다
엉덩이 밑으로는 빙하가 흐르고
다행히 피는 식지 않아
군불 때 놓고 소주 사러 간다
자정 가까운 시간
길은 안개길, 몽유병자 같은 안개의
작은 알갱이들이 술렁거리는 길
갑자기 멈춘 곳에 안간힘으로 선
남루한 점빵이 있다
뻑뻑한 가겟문의 늙은 주인은
안개 같은 표정으로 소줏값 받을 것이다
그러나 불은 꺼져 있고
담배나 피며 돌아오는 마음도 안개다
허방 같은 안개 속으로 빨려들어가며
마른 장작들이 노란 헛바닥으로
데워놓았을 아랫목을 나는 생각한다

길은 질척거리고 집들은
부드러운 침묵으로 엎드려 있다
지불했어야 할 지폐를 만지작거리며
안개의 술렁임 쓸며 돌아간다
희미한 길은 발바닥의 기억에 맡기고
쥐 오줌 무늬 누렇게 글썽이는
골방으로

구름 기차

먹구름 떼로 몰려온다

번
  개
 가
   번
    쩍
   번
     쩍
세상 꿰뚫어 보는
(무섭지?)

으르렁
꽝 꽝 꽈꽝
천둥은 호통치듯
(정말 무섭지?)

누군가는 떨 것이다

심장 쪼그라들 것이다
다리 오그리고
가위눌릴 것이다

앉음새 고치며 옷깃 여미는데
천둥벌거숭이로 뛰어다니는
아이들

구름 기차 온다고
구름 기차 타러 가자고

달개비

 바람이 제 몸 구부리는 외딴 산모롱이 하느님 한 방울 눈물 떨구셨는지, 어린 영혼이 파랗게 피어 있네요 초록의 얇은 잎들 사이에 숨은 듯 피어 바람의 연골 따라 하늘하늘 흔들립니다

 호박잎도 슬쩍 몸 돌려 울음 자릴 만들어 주는 저녁, 남은 햇살 달개비에 머물면 작은 일생은 적막에 잠기기도 하는 걸까요 초저녁달 딸꾹질 같은 꽃잎엔 하느님 입김이 보일 듯도 하네요

 바람이 잰 걸음으로 와서 눅눅한 슬픔 닦아내자 하늘은 보랏빛 이불 한 자락 펼쳐 기슭의 마을을 덮습니다 바람이 긴 혀로 여린 꽃잎 핥는 이런 때엔 하늘까지 눈물이 번지기도 하는가 보네요

 흔들리는 것이 먼 하늘로 아장아장 걸어 올라가는 것처럼 보입니다 새로 핀 고요의 무늬 제 몸으로 받아 저녁은

오늘의 첫별을 띄워 파르스름하게 흐느끼기도 하나 봅니다

  노을이 꽃잎에 머물듯
  어설픈 한 생 채우고도 남을 만큼
  떨림은 낮고 환하고 고요하고 깊습니다

할매 찌찌

할매 찌찌는 와 이래 쭈글쭈글한데

느그 아부지, 아지야, 고모들
목숨 만들어 멕이고 나니
이래 터엉
비었다 아이가

그럼 우리 아빠한테만이라도
내 나라 하마 되잖아

하마 준 걸 우예 다부로˚ 돌라 카노

할매, 그래도 달라 해바라
아빠 나쁘다
할매 찌찌 다 뺏아 먹고

욕실 앞을 지나다 무심코 들은 나는

말뚝처럼 박혀
먹먹하였습니다

* '도로'라는 뜻의 경상도 사투리

점수 벌레

벌레들이 기어간다
점수를 찍어 먹고
점수로 위대해지는
점수 벌레들 기어간다

녹슨 점수 기계가 떠먹여주는
점수를 받아먹기 위해
콘크리트 점수 공장에서
사육되는 어린 점수 벌레들이
점수 고지를 기어오른다

어떤 놈은 충혈된 눈으로
헉, 헉
어떤 놈은 비루먹은 강아지 모양
빌, 빌
또 어떤 놈은 구석에 그늘처럼 엎드려
낄, 낄

〉
점수 보따리 메고
점수의 화려한 고지 향해
아득바득 점수 따먹으러 간다

가벼운 장례

콘크리트 바닥에
새 한 마리
엎드려 있었다

어린 아이 주먹만 했다
공기만큼 무거웠다

화분의 패랭이 향기만
조문 오는
책상 위의 빈소

동백 뿌리 곁에
묻어 주었다

빵, 과자 부스러기
먼 길에
같이 묻었다

〉
아이 주먹만큼 몸 열어
품어 주는 지구

동백꽃으로 날아오를 것이다

허공에서의 동거

　나의 집 환풍구엔 새 일가가 세 들어 산다 깜깜한 내 귀로는 알아들을 수 없는, 말인지 노래인지 하다가도 인기척이 나면 입을 다물어 버리는 새 가족이 산다 내가 집주인이 되기 전부터 살았던 것 같다

　새가 내 집에 세든 것이 분명하다고
　주인인 나와 계약도 맺지 않고
　내 집 일부를 무단 점거한 게 틀림없다고
　콘크리트 벽처럼 믿고 살아왔는데

　새의 집에
　새의 허락도 없이
　세 들어 살고 있었네
　하늘로 열린 새의 집에
　완고한 철문으로 안과 밖 나누어
　좁쌀 한 톨 바치지 않고 살아 왔네
　〉

잠시 머무는 동안 세 들어 산다
는 말도 잊고 살아온 나는
내 몸에 비해 터무니없이 넓은 집은
새의 마음에 토사물처럼 비칠 것인가
새의 집에 생긴 상처의 무늬일 것인가

허공에 둥, 둥 뜬 우리의 동거
거대한 숙주에 기생하는 나
세입자 같은 진짜 주인과
주인 행세하는 가짜 주인의
계약서 한 장 없는
아슬아슬한 동거

숲에 눕다

소나기 그치고 일광욕하는 굴참나뭇잎들
멸치떼 몰려다니는 것 같다
나는 삐걱삐걱 기어들어 벌거숭이로 눕는다
뭉게뭉게 피어오르는 비릿한 내음
나는 태아같이 웅크린다
양수처럼 에워싸는 나무들의 그림자

숲의 뿌리 깊은 묵언에 등 대고
아득하게 흘러가는 구름같이 헤엄쳐본다
풍선처럼 떠오른 나는
향 맑은 바람에 섞인다
나뭇잎에서 햇살은 탭 댄스 추며
온몸 반짝이게 한다

경계 없는 허공 누비던 새들은
깔리는 어둠 들추며 돌아오리라
숲은 오늘 가장 먼저 당도한

일억 년 전의 외로운 별을 마중하리라
별들은 떼를 지어 날아와
주렁주렁 반짝이는 잎으로 걸리리라

밤이 되면 빛잔치 흥성이리라
갓난이처럼 말랑말랑해진 나를 태우고
숲은 거대한 배가 되어
허공 바다로 떠오르리라
뿌리들은 배를 저어 가리라
고래등 같은 무덤들은 헤엄치며 따르리라

상

나,
상 받네

운 좋게도
매일 받네

온종일 빈둥빈둥
해가 져 돌아와도

당당하고
공손하게 받네

대통령상도
노벨상도
고갤 숙여야만 하네

나,

상 받네

하늘이 주시는 상
밥상을 받네

백수로 받는
모범상이네

한식구

 가을비 추적추적 안강 장날이었지요 메기입 어물 장수가 때 이른 점심을 먹고 있었습니다 발길 뜸한 장날 푸념처럼 허연 김 피어오르고 간혹 빗방울이 국물 양 보태는 돼지 국밥

 젖은 누렁이 한 마리 칭얼거리듯 얼쩡거렸습니다 복어처럼 부풀어오른 볼 실룩거리며 밥 씹다 말고 물끄러미 쳐다보다 눈길 마주치자 넙치 같은 손으로 입 훔치고는 그릇째 바닥에 내려놓더라구요 비칠비칠 기다시피 누렁이는 다가와 후루룩 쩝쩝 먹기 시작하는데

 또 어디선가 중심이 무너진 검둥이 한 마리가 와서는 낑낑거리자 누렁인 가만히 머리를 비켜주는 것이었습니다 두 놈의 젖은 몸을 풋가을비는 더 젖게 하고 그들이 허겁지겁 허기 채워 가는 동안 그릇은 제 몸 안의 것을 조금씩 비워주었지요
 〉

나는 바다가 저장된 고등어 한손 샀습니다 사내가 건넨 고등어가 지느러미 날개로 날아오는 낮은 허공 아래에서 머리 맞댄 두 마릴 그릇에 달라붙은 마지막 냄새까지 설거지하듯 핥고 있었습니다

 사내는 무릎 밑의 두 마릴 푸르고 잔잔한 바다 같은 눈으로 쳐다보는 것이었습니다 마음으로 검둥이의 뒷다리를 슬쩍 받쳐주는 것 같기도 했답니다 눈에선 금세라도 짠 바닷물이 주르륵 흘러내릴 것 같았지요

2부

새벽

 젊은 아배 지게 위 어둠 지고 나간 지 한 식경 되도록 마당은 컴컴한 얼굴로 엎드려 있곤 했다 쌀별 드문드문 피어 있는 새벽은 초가지붕처럼 순한 꿈으로 젖어 있곤 했다 홑이불처럼 덮인 어스름 깨우며 쌓이는 햇감자 소리에 멀건 죽 같은 표정으로 일어나는 새벽이 있었다

 이슬 반짝이는 얼굴 서로 부비며 정지문앞 옹기종기 모인 감자, 누렁소가 감자 살다 간 자리 같은 우멍하고 순한 눈으로 흙분 바른 얼굴에 오래 눈맞추는 새벽이 있었다 마을에서 가장 먼저 길어 올린 우물물 찰그랑찰그랑 솥에 붓고 솔가지 탁탁 분질러 아궁이에 집어넣는 어메의 작고 딱딱한 손이 있었다

 이불 속에서 배를 감싸고 뒤척이다 퍼져오는 감자 익는 냄새에 코가 먼저 깨어 지게문 열고 까까중머리 들이미는 어린 아들이 있었다 시르렁 무쇠 솥뚜껑 밀고 허연 김 속으로 얼굴 묻으며 젓가락 포옥 찔러보는 어메가 문득 고

갤 들어 버짐 핀 머리 호박꽃처럼 누렇게 쳐다보는 새벽이 있었다

 이런 때면 돌담에 앉은 어린 호박에게 송아진 눈 맑은 이슬 인사를 건네는 것이다 어미소는 아, 그 두텁고 뜨듯하니 김이 나는 순하디 순한 혓바닥으로 송아지의 목덜밀 스륵스륵 핥아주는 것이다 이슬이 새앙쥐 볼가심할 것 없는 초가 한 채를 온전히 적시듯 새벽은 늘 마음까지 가만히 젖게 하는 것이다 새벽은 어메 마음 가장 깊은 곳의 물까지 길어 올리는 것이다

밥솥

누구네 집에서 속 끓이고 살았을까

노숙자 신세가 되어 찡그린 채
웅숭깊은 마음 가득
초겨울 햇살 자글자글 끓이고 있는

분류 배출장으로 내몰리기 전엔
뜨거운 속 껴안고 둥글게 살았겠네

푸른 불이 엉덩이 지질 때
품 안 쌀알들 칭얼거리다
식구들 배 든든히 채워주었겠네

오늘 아침은
햇살을 끓이네

고봉 햇살밥

까치들 헛배 채우고 가네

까치 울음 맴도는 언저리
시든 꽃잎처럼 말라붙은
허연 눈물 자욱

버릇처럼 퍼 주기만 하던 일생
몸은 텅, 깊은 허공이네

하필

 나와 술, 파리한 달빛 품은 고요가 짐승처럼 웅크린 밤, 마음은 소주 한 병만으론 재가 되지 않는 불길이었다

 빈 병을 던졌다 긴 울음 끌며 날아간 후, 풀밭에서 시퍼런 비명이 솟아올랐다 번개 치듯 잠깐 쪼개졌다 흔적 없이 봉합되는 검고 부드러운 허공, 별들은 소스라쳐 부릅떴다

 밤새 취한 글자를 갉아 먹는 벌레였다 파리한 새벽 낫 들고 풀밭으로 가자 풀들이 살짝 떠는 듯했다 나는 종아리께 움켜쥐고 발목을 베어나갔다

 악, 느닷없이 튀어나오는 비명, 눈은 휘둥그레, 다른 손이 장갑을 벗기자 가운데 손가락 첫째마디에서 흘러나오는 피, 시퍼런 절규 낭자한 풀숲에서 째려보며 웃는 푸른 병조각
 〉

희고 고요히 길쭉하니 새겨놓은 비명, 면구스레 볼 때가 가끔은 있다

반성문

이십 년 넘게 경유차로만 지구 한 모퉁이 털털 누빈다

이십 년 넘게 계륵 같은 휴대전화 요금 투덜투덜 낸다

귀찮아 분류배출 철저히 하지 않고

봉투값 아까워 쓰레기, 밭에서 태운다

밥상 앞에서 무엄하게도 방귀를 뀐다

나는 한 올 한 올 지구의 수의를 짜 온 셈

문 앞까지 배달된

빈사에 빠진 지구 담을 관

어떤 전쟁터

이놈의 전쟁터는, 아군은 왜 한 명도 없는가

피를 흘리는 적은 없는데, 이 피비린내는 어디서 나는가

화염은 보이지 않는데, 폭음도 들리지 않는데, 끊임없는 폭발은 또 무엇인가

진지에서 들려오는 최신 전투교범 넘기는 소리는 얼음 심장을 향해 날아가는 웬 비수인가

사각 콘크리트 참호에 웅크린 어린 전사들, 핏발 선 눈동자 향해 '자 주목!' 하얀 총알로 생존 방식을 판매하는 나는 누구인가

이 적막한 전쟁터를 주관하는 그 분은 또 뉘신가

구름 사탕 피는 풍경

갑자기 공원이 들끓는다
반쪽의 힘으로 굴리는
그 사내의 수레가 등장하자
방앗간에 참새떼 같은 아이들

늘 헛심만 켠 남루한 틀
부지런히 돌려 몽개몽개 피어오르는
무지갯빛 구름 건져 올리는 사내

둥글게 갇힌 학 한 마리 건네고
무지개 위를 달리는 아이들

몇 마리 휘릭 휘리릭
은빛 뿌리며 양철 둥지에 안착하고

호주머니에 찔러 넣은 사내의
없는 팔 바람이 잡아당겨 펄럭이자

구름 피는 속도로 쑤셔 넣는 남은 손

어스름 깔리자 학들은
수레를 물고 개밥바라기별 빛나는
공중으로 날아오른다

오늘밤 사내의 단칸방에선
학들 새로 둥지 틀 것이다

오늘

1

엄마 아빠 이혼한 뒤 외가 비닐하우스에서 혼자 지내다 굶주린 개에게 물려 죽었다 살점 천 갈래 만 갈래 뜯겼단다 아홉 살이었단다 개는 경찰이 쏜 총알 받고 죽었다 한다 하느님 나라에서 둘은 다시 만났단다 아이는 꿰맨 자릴 보여 주며 씨익 웃었고 개는 송곳니 드러내며 총구멍 보여주고 멍 웃었다 한다 때때로 아이는 총알 지나간 구멍 막아주고 개는 꿰맨 자릴 핥아주며 구름 들판 뒹굴며 논다더라

2

엄마는 야근을 나갔다 밖에서 방문 야물딱지게 걸어 잠그고 갔다 방안에서 배고프게 놀다 지쳐 잠든 사이 불이 났다 튼튼하게 잠긴 가난은 손톱이 빠지도록 긁어도 열리지 않았을 것이다 엄마! 부르는 소리 빠져나오지 못하도록 검은 연기가 기도를 틀어쥐자 불은 검붉은 아가리로 작은 몸을 한 입에 삼켰을 것이다 네 살, 또 하난 두 살

이란다 역시 하느님 나라에 갔다 마음이 쌔까매진 엄마가 야근 마치고 돌아오는 깊은 밤마다 이마 위로 눈망울 같은 빛, 반짝반짝 내려보낸다더라

3

  수영장에서 엄마가 준 요구르트 한 입에 마셨다 무척이나 시원하고 맛있었을 것이다 새콤달콤한 액체가 작은 위장으로 흘러들어 몸속 구석구석 쥐어뜯자 아이는 영원히 잠들었단다 구 년 동안의 소풍이었단다 아니나 다를까 하느님 나라에 갔다 깨어나자마자 빚 갚는 마음으로 독한 엄마에게 보험금 이 억을 주었단다 철창 속에서 고개 꺾은 엄만 말이 없다더라

헌 옷

지하로 내려가는 층계참
상여처럼 엎드린 한 통 고즈넉함
버려진 일생들의 두런거림
트로트 메들리로 흘러나온다

가는 곳마다 군말 없이 따라다녔지
함께 허리 줄이고 어깨 늘어뜨렸지
빳빳한 세종대왕도 수없이 알현했고
등받이 긴 의자에 앉아 거드름께나 피웠지
주인이 찾지 않을 때는 십장생 속에서
점잖게 휴식도 취했지

남루도 이젠 새 옷처럼 빛나니
닳은 소매 내밀지 않는 편이
남은 목숨 마무리짓기 조금은 쉬우리라
뚜껑 열리고 바람 잠시 묵념하는 사이
입관식 간단하게 끝난다

눈 한 번 끔벅하는 동안
한 생이 또 스쳐갔는가

헌 옷 수거함에는
헌 옷들만 있는 것은 아니다
헌 옷들의 공동묘지에서 누리는
잊혀짐의 평화
겁 많은 짐승의 털이었을 실오라기들
초원으로 돌아가는 꿈에
수거함은 흥얼거린다

밥줄

밥줄 끊긴 사람들 어제보다 길어진
밥줄 되어 굼실거린다
보슬비 오는 무료급식소 앞
밥통과 국솥 걸리고 누런 표정들
목구멍 거미줄 걷어내는 듯 침부터 삼킨다

허리 굽혀 두 손으로 받은 단 하루치
희망 한 그릇 울대뼈 빠르게 오르내릴 때마다
살아있다는 고통까지 우적우적 씹는다
내일까지 견디려면 목구멍
넘치도록 밀어 넣어야 한다
식판 모서리 문 입 속으로
빨려 들어가는 마지막 국물

살아있다는 건
밥상을 받아야만 하는 일
살아간다는 건

손과 입 사이가 하룻길이라도
식은 밥일망정 뱃속 깊이 밀어 넣는 일
빗방울이 채워주는 한 그릇 국 떠먹는 일

구불구불한 밥줄 따라 밥알들은
아무리 떠밀어 넣어도 채워지지 않는
허기 빈틈없이 채워 줄 것이다
헛바닥으로 반짝반짝 닦은 숟가락 쑤셔 넣으며
아무도 들어주지 않는 된트림을 한다

부활절 전날 아침

남루한 가방이 열렸다
때 묻은 곰 인형
몇 번 물어뜯은 샌드위치
물러터진 포도 몇 알
설익은 오렌지
들이 뒤엉켜
쓰레기장 따사로운 햇볕 아래
부끄럽게 빛난다
헝클어지고 푸석한 머리 숙이고
무릎 아래 늘어뜨린 손등으로
까만 땀방울이 굴러내린다

오렌지는 익혀서 먹을 거야
포도는 씻으면 돼
동생이랑 먹을 거야
신문 속 목소리 또랑또랑하다
땀 먼지 범벅된 얼굴

햇살 아래 드러내며
내일은 여기에
해바라기 씨앗 심을 거야
노란 꽃 피워 올릴 거야
먼 나라 소녀 아홉 살 피올라는
해바라기 웃음으로 말한다

내일은 하느님, 그 땅에
눈물인 양 빗물 흘려 주실까
숨결인 양 햇살 뿌려 주실까
눈물 젖은 밥
아내 몰래 먹는 부활절 전날 아침
내 심장에 달라붙은 노란 해바라기
밥상에 그렁그렁한

복날

 고추밭 한 녘 허리 굵은 뽕나무가 젖은 등 받쳐줄 때였습니다 팥죽땀 닦으며 노루잠이라도 청할까 하던 때였지요

 어디선가 개 한 마리, 끊어진 목줄 끌며 누렁이 한 마리 더듬더듬 왔습니다

 대접할 거라곤 미지근하고 맑은 물 한 바가지뿐

 머리 처박고 벌꺽, 벌꺽 먹는 양을 가만히 바라보았는데

 머리털엔 피가, 덜 마른 피가 엉겨 붙어 있었습니다

 한 바가지 물 다 비우고 누렁이는 눈에 나를 한번 담았다가 내 손등 뜨겁게 핥아주고는 돌아섰습니다

 인가로 흘러내린 고샅길, 꼬리 내린 채 절룩절룩 갔습

니다 벌겋게 번져가는 핏방울 몇 남겨놓고

남의 일, 같지가 않았습니다

폐타이어

아파트 공터 한 귀퉁이
속도를 잊은 폐타이어
반쯤 묻힌 깊은 침묵 속
햇살 둥글게 고여 있다

속도는 가속만을 강요하는 독재자였다
그는 검은 노예일 뿐이었다
속도에 사육되고 길들어 갔다
다른 속도가 앞지를 때
온몸 떨며 가속 결의를 다져야 했다
검고 딱딱한 길에 제 몸 당진할 때
길옆 나무와 꽃들은 까맣게 지워졌다

저 동그라미는 자신의 일생이
얼마나 속도에 짓눌려 왔는지 기억하고 있을까
해와 달 굴리며 돌 때 탈속의 울음도 함께였을까
저장된 속도 다 발라먹는 동안

얼마나 어지러웠을까
속도에서 벗어나기 위해
속도에 매달린 세월
속도는 한 줌 모래처럼 눈부신 한계였을 뿐

그가 속도의 덫에서 풀려나던 날
햇살은 그의 몸을 부드럽게 핥아 주었다
바람은 풀씨랑 꽃씨를 데리고 와서 놀아 주었다
벌레들의 따듯한 집이 되었다
잃어버린 속도의 한가운데
초록 꿈들이 자란다
달맞이꽃은 왕관처럼 피어 있다

자궁 같은 무덤 속에서

보드라운 살과 근육 갈랐지
막아서던 완강한 뼈
찰나의 망설임도 없이 동강내었지
단말마의 비명
혈조 흐르는 피가
내 생의 냉엄한 증표였지

머리 잃고 허둥대는 몸뚱이
쏟아지는 창자 받아내는 두 손
목이 붙어 있던 자리에서
솟구치는 피를 보며
눈 부릅뜨고 구르는 머리통

나는 녹을 사랑한다
나의 쓸모가 없어지는 날을 고대한다
녹이여
온전히 갉아먹어다오

녹을 뉘우침의 피눈물로 읽어다오

나는 진화해야 한다
한 조각 남김없이
부활의 용광로 속으로
되돌아가야 한다

호미로 태어나
옹골찬 감자 캐야지
수레바퀴로 태어나
수많은 너를 태우고 온 세상 누벼야지
밥솥으로 태어나
무수한 너를 위한 따듯한 밥 지어야지

커다란 자궁 같은 무덤 속에서
칼은 울고 있었다

고구마 밭에서 생긴 일
— 유금리 시편

헛기침 소리 먼저 들여보내고
김 형, 막걸리에 김치 한 사발 들고 왔다
자작으로 거푸 들이켜고
김 선생, 내 이바구 함 들어보소

쩌기 산 비알에 우리 고구마밭 안 있능교 아 그 밭에 요새 밤만 되마 산짐승이 내리와가 이랑을 다 파디비 놓는 기라요 내사 마, 약이 올라 속이 다 디비질라 안 카능교 ― 한 잔 쭈욱 들이켠다 ― 내 참다 참다 몬해, 요노무 짜슥 요절을 내뿔끼라꼬 몽디 들고 어젯밤에 밭두렁에 쭈그리고 앉아 안 있었능교

담배 생각 꾹 눌러가미 참고 있는데 믄 시커먼기 떼거리로 기들어와가 고구마 이랑을 파디비기 시작하는데, 저 놈이구나 싶어 몽디를 꽉 쥐고 후라시불을 쏘았다 아인교 바로 그때, 하이고 내사 마, 환장하는거 ― 따라 놓은 막걸리를 벌컥벌컥 들이켠다 ― 너구린지 멧돼진지 잔뜩 웅

크리고 날 노리보미 도망도 안 가고 씩씩거리는데, 아 그 배때지 밑으로 갓난쟁이 머리통만 한 새끼들이 종종거리며 기어드는데 — 철철 넘치는 막걸리를 단숨에 들이켠다

 내 그걸 보고 우에 두억시니맹키로 몽디를 휘두르겠능교 내사 기인긴 겨울밤 어무이캉 내캉 심심풀이로 깎아 묵고 삷아 묵을라 카는 긴데 아, 지놈들은 목심이 걸린 일 아이겠능교, 아 목심 말입니더 그걸 아는 내가 우에 그라겠노 말입니더 내도 명색이 사람 아임니꺼 — 손가락으로 휘휘 저어 울대뼈 오르락내리락 늘이켠나 — 그래가 고마 후라시 끄고 사알살 나와뻣다 아임니꺼

 오늘, 날 새는 대로 밭에 안 가봤심니꺼 또 및 구딩이 파디비 났데예 쪼맨한 발자국들은 큰 발자국 따라 쫄래쫄래 산으로 올라갔고 마, 한 잔 더 따라 보소 내 안직 안 취했구마 마이 묵고 너그 새끼들 잘 건사해라 내 인지는 너그 묵는 거 간섭 안 할 끼구마는 내가 심은 고구마 먹고

크니까 너그는 내 새끼도 된다 아이가 마이 무라 어무이 캉 내캉 긴긴 겨울밤 깎아 묵고 삶아 묵을 꺼는 남기 나야 된데이 카고 웃고 말았심더

　보름 가까워 오는 달은 오늘밤 고구마밭 품에 안고 탱탱 불어오른 젖 물릴 것이다 너구린지 멧돼진지 그놈 식구들 오늘밤도 배가 든든할 것이다 김 형 흥얼흥얼 갈지자걸음으로 돌아가는 길, 달이 따라가며 처진 어깨 두드려주고 있었다 달은 방까지 따라가 엉덩이 둥실한 색시처럼 그의 넓은 품에 안겨 막걸리 냄새에 더불어 취할 것이다

3부

아
— 유금리 시편

노을방석 깔린 쪽마루
등 굽은 노인이 밥을 먹인다

무릎 위에 손자 앉혀
뜨신 물에 식은 밥 한 덩이
말아 먹인다

노인이
아!
나어린 손자도
아!

늦가을 해도
꿀꺽 받아먹고

산은 발간 해
꿀떡 받아먹고

〉
배추 시래기 같은 손
흘린 밥알 주워 먹고

할배 김치
아!

어이쿠 그래 김치
가랑잎 같은 입도

아!

겨울 새벽
— 유금리 시편

윗목에 웅크린 채 잠들었던 김 형
인자 설 쇠고 나마 내도 마흔인기라
빈 막걸리병처럼 쓰러진 김 형
시린 옆구리 긁으며
속 쓰린 몸 일으키는가 보다
이 빠진 잇몸으로 앙다문 늙은 방문
삐져나오는 기지개 소리
육십 촉 백열등이 눈을 뜬다
어둠은 놀라 마루밑으로 숨고
첫닭 홰치는 소리
부엌에선 땅에 머리 점점
가까워지는 노모
이른 아침상 차리는지
궁시렁궁시렁 김이 피어오른다
면도칼 입에 문 바람이 할퀴는
새벽, 언 고샅길 걸어
농한기라 공사판 막일 나가는 김 형

움츠린 어깨 위에서 흐느적거리는 현수막
순박한 베트남 처녀와 결혼하세요

함박꽃 빤스
— 유금리 시편

하느님 젖은 하룰 말리시는지
오후의 햇살 그네를 탄다
만개한 함박꽃 두어 송이도
보송보송 그네를 탄다

팔순 지난 부부
허깨비 같은 무게만
느리게 오가는 마당
빨랫줄에 걸린 빤스

바알간 맨살의 해는
엉덩이 슬며시 밀어 넣고
바람은 두 다리
슬쩍 집어넣기도 한다

바지랑대 너울너울 꽃웃음 함박 피는데
꼬부랑 허리 펴며 웃음 한 소절 거둔다

삭정이 같은 손가락 사이로
삐져나오는 웃음살들

할맨교
빤스 참 곱네예
누구꺼라예
머라꼬
아, 그 빤스 누구꺼냐고요

우리 영감이 장에 가서 안 사왔나
궁디에 착 감기는 기
똑 꽃시절 같다 아이가

빤스 벗겨진 벌건 궁둥이 부끄러워
해는 담 너머 숨고
우듬지 홍시 흔드는 바람
발그레 부는 늦가을 마당

웃음 한 장

백세까지 보장한다는 암보험
들어야 하나 고민하다 본
흑백 사진 한 장

태극기 배경으로
거친 강물 온몸으로 막아서듯
가슴 열고
양 손 들어 폭탄 움켜쥐고 있다
큰 그늘 거느린 나무처럼

순백으로 가지런한 치열
웃고 있다
죽음 향해 만년설처럼
웃고 있다

죽음더러 보라고˚
죽음보다 더 깊은 웃음을

웃고 있다

죽음조차도 달게 씹어 먹는 파안대소!

허리 굽혀 사느니
죽음 향해
웃으면서 성큼성큼 가고 있는

죽음으로 영원한 쾌락을 영위**하는
죽음을 기념하는 사진,

쉰이 넘은 나는
보험료는 어떻게 마련할까 궁리한다

  * 김수영의 「눈」에서
  ** 영원한 쾌락을 영위: 기념사진을 찍을 때 시른돌 이
    봉창이 환한 낯으로 백범(白凡)을 위로하며 한 말에서

상사화

칼 같은 그리움에 베어 한 시절 통째 적시는

잎 다 무너져서야 속절없이 꽃대 솟아

피에 젖은 한 송이로 핀

땡볕 쨍쨍한 날 목덜미 빨개지도록 보는

속수무책 칼 같은 사랑

혓바닥 얼얼하게 새겨진, 첫사랑

신발

 얼굴과 팔에 화상 입은 할머니가 낡은 벙거지 받쳐 들고 지하철 객차 안을 지그재그로 지나갑니다 앉은 이들 자는 척, 벌레라도 본 듯 눈살 찌푸리며 아니 도대체 역무원은 뭐하고 있는 겐지 작은 목소리로 투덜거리기도 합니다 신문 읽으며 이맛살 찌푸리는 아저씬 사소한 일에 눈을 줄 겨를이 없으신가 봅니다

 그런데 맞은편에 앉은 또래의 할머니 번개가 번쩍이는 시간만큼도 망설임 없이 가죽 구두 벗어 빼앗다시피 고무 슬리퍼와 바꾸어 신습니다 맨발에 각질 허옇게 일어난 발을 가죽신은 덤덤하게 신의 발처럼 감싸 안았습니다

 불에 표정 빼앗긴 할머니는 깊이 머리 숙이고 앉은 할머니는 아무 일도 일어나지 않은 듯 빙그레 합니다 숙임과 빙그레 사이 바퀴는 양팔 벌린 신의 음악처럼 굴렀습니다 덜컹거리던 컴컴한 표정들 환하게 켜셨습니다

문자 메시지

호야 할머니 저승나들이옷 곱게 입혀 드릴 때
마디 굵어져 빠지지 않는 금가락지
그대로 두고 꺼먼 손에
효도폰 꼬옥 쥐어드렸단다
어무이 떠나신 뒤론 꿀맛 같던 밥맛이
쓰다는 호야 아버지 처음 몇 번은 전화를 걸다
받을 리 만무하니 메시지 보낸단다

작은손자 제대했다고
맏손자 국영 기업체 취직했다고
부부 싸움 끝엔 마누라 흉보는 메시지
보냈다가 뉘우치는 내용 보내고
공사판 일당 제때 못 받으면
반장 욕하는 문자 보내고
무슨 억울한 일 겪으면 일러바친단다

거기서도 새벽별 이마받이로 나가

고추밭이고 깨밭이고 풀 한 포기 없이 매고
저녁달 어깨로 받으며 돌아오시는지
안강 장날이면 산나물 보따리
애면글면 이고 지고 첫버스 타시는지
동네 아주머니 만나고 나면 보낸단다
비 오는 날이면 점 십 원 화투치다
다 잃고 개평 내놔라 떼쓰시는지

십 년이 지나도
수백 수천 건 보내도
답장 한 건 없으시단다

겨울

봉창 넘어 들어 깔아놓은 햇살방석에 앉아 새벽같이 길어 온 샘물 같은 시를 읽는다

내 머리 쓰다듬기도 하다 등에서 미끄럼타기도 하다 따듯한 방바닥에 어린 아이처럼 까르르 까르르 뒹굴며 아침 햇살은 까치 소리와 범벅이 되는 것이다

아, 이런 때면 밝고 맑은 이가 내 넓적다리 베고 누워 있었으면 좋겠다 내가 읽어 주는 신새벽 옹달샘에 목 축이는 고라니 혓바닥 같은 시 한 편 듣고 빙그레 웃음 속에 그만 시도 잊고 폭, 젖어도 보았으면

부엌 아궁이 앞에선 그 여자에게서 얻은 어린 것이 잉걸불 속에 묻은 고구마 빨리 익길 기다리며 추위도 모른 채 부지깽이 장단에 산도깨빌 즐거이 부르는 소리까지 다 듣고 싶은 것이다
〉

마당에선 밤새 도깨비 만나 그려놓은 고 어린 것의 새 나라 지도가 따사로이 해바라기하는 걸 받쳐주느라 바지랑대는 힘이 부치기도 할 것이다

쉰 고개 넘으니

좀 유치해졌으면 좋겠다

이젠 없는 네 방 방범 창틀에
안개꽃 싸인 붉은 장미 한 송이
너의 잠 몰래 두고 오고 싶다
서둘러 돌아와선
봉숭아빛 하르르 흐르는 편지지
하트 모양 떨리는 초록 잉크로 그리고
한가운데 네잎클로버 붙여 보고 싶다
생각만 해도 팔딱거리는 심장 속에
네 얼굴 새겨놓았다고, 새긴 그 얼굴 다시
내 평생 속에 옮겨도 보았다고
비 오는 날이면 어깨 반반씩
비를 맞으며 강둑길 걷고 싶다고
썼다가 구겨 던지고
또 구겨 던지는 밤들이
쌓이고 쌓여 늘

잉걸 같은 눈빛의 아침이었으면

가파르게 쉰 고개 넘고 보니
정말이지 유치가 부끄러움도
지우고 찬란해졌으면

의자와 함박꽃

돌담 아래 함박 피었습니다

그대 몸의 무게가 저장된
의자를 내어 놓고

내 몸을 얹어
활짝 핀 그리움인 듯 봅니다

그대와 내가
처음으로 함께 이름 불렀던

나는 작약이라 했고 그대는
함박꽃이라 부르며 웃었습니다

피는 모든 꽃들을
나는 함박꽃이라 부르며
〉

의자에 앉아
그대가 앉을 때까지

날마다 땅속으로
조금씩 깊어지는
의자입니다

잘못 쓴 글자 같은

아내가 분만실에 들어갔다
두 번째다
관계자외 출입금지
경계병 같은 경고문
관계자는 난데

담배 한 모금 간절한 틈 파고드는 대화
두 손에 얼굴 구겨 넣고
어깨 들썩이는 젊은 여자
감싸 안은 남자

이번 한 번만
처음이자 마지막으로
회사에선 짤렸지, 전세금 올려 달래지, 은행 이자에
딱,
따악, 한 번만

지우긴 뭘 지워, 왜 지워

내 배가 공책이야
애가 무슨 잘못 쓴 글자야
배를 감싸고 도리질하는 여자

흩어지지 않는 눈물방울
여자의 머릴 품에 묻고
남자는 제 턱을
탑처럼 쌓고

미안해
정말
미안해

거대한 관 속 같은 복도
미안해만
사라지지 못하고
미안하게 깔린다

길 위에 있다

소금 절인 배추 같은 하루
질퍽거리며 간다
골똘한 생각들로 불쑥 튀어나온
돌부리에 걸려 휘청거리는 햇발

모든 길들의 표정은 낯설다
길은 마음대로 나를 데리고 다니다
이젠 알아서 가라는 듯 놓아버린다
한 뼘도 안 될 것 같았으나 어느새
돌아갈 길 보이지 않는 곳까지 걸어와
서성이는 몸은 물음표

길 위에서 내 몸이 길이라도 된 것일까
이대로 누워 길의 미궁에 잠든다면
길이 된 사람들의 흔적이라도 꿈꿀 것인가
보이지 않는 끝은 내 발보다
먼저 달려가서 손짓한다

〉
목이 마르다
바닷물만 마시며 살아온 것 같다
이 길 어디쯤
옹달샘 하나 팔 수 있을까

무허가 주택 같은 날들
길이 길 밖으로 나를 밀어도
어둠이 길을 지워도
나는 길 위에 있다

무릎으로 읽어야 할 단 하루를 위하여

겨울 편지

 너를 그리워할 수 있는 겨울이어서 나는 외롭지 않다고

 외로움도 까마득한 별을 보는 눈부신 기쁨이라고

 그해 여름 계곡에서 하얀 종아릴 만지고 내려온 물이 모아 쥔 손바닥에 한참을 고였다가 입으로 들어갈 때, 들어가지는 못하고 차마 떨어진 물들이 산과 마을 담고 아득한 곳까지 흘러가 남은 여름 가을 떠돌다 기어이 나의 오두막을 찾아와 고드름으로 반짝이다 오늘 아침 햇살에 맑고 뜨거운 방울 떨어뜨리고 있다고 감히 생각하며 나는 춥지 않다고

 우리가 했던 말들이, 속내 감추며 주고받았던 말들이 닻을 내리지 못하고 물 따라 흐르고 흐르다 지금은 먼 강 어디쯤 얼음장 밑에서 소리 없는 너의 웃음을 배경으로 도란거리고 있을 것을 생각하는 내 마음 고요한 기슭의 섬에선 젖은 바람이 불고

〉

추신

그림자 옆에 눕혀 놓고 새벽에서야 잠들었습니다

눈을 뜨니 그림자는 식은땀 흘리며 그 여름 쪽으로 웅크리고 있었습니다

돌

창백한 뭉우리돌 하나 주워왔네

가슴을 대어 보았네

나는 뜨겁고 돌은 묵언수행 중이었네

귀를 대 보았네

팔딱팔딱 숨소리가 들리는 것 같았네

손을 넣어보았네

사무친 도끼 같은 문장이 잡힌 줄 알았네

검은 초승달이었네

나는 날마다 한 방울씩 눈물 흘려주네

달은 캄캄하게 웃으며 자라네

4부

오래된 신방
― 유금리 시편

매미 허물 같은 지붕에 노을 쭈뼛거린다
거머리 같은 적막만 숨쉬는 줄 알았는데
쪽마루에 늙은 적막
쭈그리고 있는 ㄷ자 집
빗물 고랑 같은 주름살
일흔 번쯤 얼고 녹았을 해
합죽한 웃음 머금고 ㄷ자로 걸어나온다

열아홉에 시집 와
발자국 소리 채 귀에 익기도 전
군인 간 삼대 독자 신랑
전쟁 끝나도 감감무소식이더라
까치 소리 아침 밥상에 들어도

늘 닦는 하얀 고무신은
긴 기다림만 신어보더라
원앙금침은 한 번도

몸 덥혀 주지 않더라

밤이면 물정 모르는 별빛
창호지 구멍 뚫는다는 오래된 신방
유복자 산전수전 키워
대처로 분가시킨 고가
파란만장한 처마 아래 텅 빈 제비집
내년에도 불어난 식구 데리고 올랑가

다시 보니 그 집은 ㄷ자가 아니라
ㄱ자가 되고 있다
이미 무너진 것들
땅에 더 가까이 내려가 있다
한숨 쉬듯 제 몸 부려놓고 있다

군불
— 유금리 시편

낡은 수세미 같은 집
한 채 얻어 군불 땝니다

밤은 깊어 늙은 부엌문 두드리는
바람 소릴 귀로 만지며 군불을 땝니다

어둡고 깊은 아궁이의 허기 속으로
여윈 장작 밀어 넣습니다

오랜만에 불맛 본 무쇠솥은 글썽이고
서늘하던 집의 늑골 불의 숨소리로 들썩입니다

두근거리며 들었던 바람 소리
새들의 노래도
할, 할 탑니다

마음은 몸을 밀어 넣습니다

〉
활활 태우고 싶은 게지요
뼈만 남기고 싶은 게지요

아직 태우지 못한 것이
내 몸에 남은 게지요

빈집
— 유금리 시편

중풍 들린 고요가 어슬렁거린다
허물어진 흙벽 앙상한 갈빗대
바람이 기타줄인 양 튕기는 집이다
골다공중 시난고난 기둥 속에 개미들이
무허가로 다세대 주택 짓고 사는 집이다

잡초들 다짜고짜 마당에 뿌리내려도
오랜 자리보전에 쇳기침만 뱉어냈을 것이다
골방 신음 곰팡내처럼 번지는 집은
客바람에도 한길로 목 빼다
마음 삐곤 했을 것이다

무너져 내리는 담장 붙들고
안간힘 쓰는 호박 줄기
넓은 손바닥으로 뚫린 지붕
덮어주고 싶은 감나무는 뒤란에 정정하다
〉

아이들의 발가벗은 울음소릴
집은 듣고 싶은 것이다
대를 이어 살던 주인이 떠날 때
베어 버린 마당가 왕벚나무는
새로 돋은 귀 담 너머 내밀고 있다

봄밤
— 유금리 시편

밤도 밤꽃내로 짙어지는 봄밤인데
어둠 속 길 하나 새로 났는데
내 귀가 따라가다
멎는 거기

어떤 간절함이
하얗게 길을 내나
상고머리 시절 신발끈 풀었다 매며
볼에 초생달 돋는 주인집 여고생 등굣길 기다리는 마음처럼
봄밤은 두근두근거리는데

울음도 다른 울음 아닌
봄밤 적시는 고라니 울음
딱, 멎는 거기
저 울음이 닦은 하얀 길 따라
껑충껑충 암컷은 가리라

〉
고라니야 고라니야
네 울음 홀로 듣는 나는
도린곁 오두막 궁기나 핥으며
두근두근 듣는 나는
어째야겠느냐
아무리 울어도 닿지 못하는 울음인데

어둠은 어쩌겠는가
붉은 꽃 한 송이
저 혼자 피듯 떨리는 울음인데
저 혼자 떨어지듯 끊기는 울음인데

저 울음 베껴
두고두고 읽는 봄밤인데

뻐꾸기 소리
― 유금리 시편

저 뻐꾸기 소리는 내꺼다

마주 앉은 이웃이 달라고 했다

막걸리 한 사발 받고 주었다

뻐꾹, 뻐꾹, 뻑뻐꾹 뻐꾹

내 것일 때나 이웃의 것일 때나

초록으로 들린다

이웃도 나도 뻐꾹 소리 안에서

너털웃음 한바탕으로 잔을 마주 든다

닭

나는 날개를 배반했다
날개는 푸른 하늘을 배반했다

너희가 주는 풍족한 먹이로
몸뚱이는 비대해졌다

뼛속 꽉 채운 대가로 나는
하늘에서 소외되었다

날개의 역사에서, 나는
지워져 있었다

기다린다는 것은

숯불 다리미 눈빛으로 길을 다리며
너를 기다리는데
밝고 맑은 널 기다리는데
네가 걸어 환할
그 길 생각하면
길이 받을 네 몸
아름다운 무겔 생각하면
두근거리는 모든 길
땅은 둥글어서
모든 길들은 팽팽해진 곡선
언젠간 돌아오는 곡선이어서

어이할거나 사랑아
가슴은 샘
기다림 마르지 않는 샘이어서
피는 더 빨리 달리는데
네가 올 길들은

두근두근 뛰는데
눈길은 길 따라
길게 뻗어가는데
기다림은 온몸으로
길을 다리는 기다림인데

어떤 소신공양

숯불 위에 석쇠를 얹었다
준비는 끝났다
불꽃 튀는 다비장
앙다문 입술로 와선 중

재촉하는 식욕 앞에
활짝 열어 보이는
말랑말랑한 바다

내 살이 통과하는 너의 식도는
나 피안 가는 길
너희 컴컴하고 텅 빈 속은
나 환생의 극락정토

조개는 소멸의 환한 끝을 생각한다
쌓여가는 조가비로
조개는 한 생을 완성한다

〉
내 몸은 조개자루라도 된 것일까
다음 세상 내 살은
입 크게 벌린 먹히기 좋은
조개 속살이라 생각한다

사막

시험지가 아이들을 노려본다
아이들의 벌건 눈 잡아당겨 끌고 다닌다
모래늪에 빠진 것처럼 허우적거리는 아이들
겨울 바람에 벼린 칼 품은 눈빛
거미처럼 기어 나오는 글자들
아이들은 글자들이 이끄는 대로
끌려다니며 웅크린 채 온몸 바친다
글자들이 파놓은 함정에 빠질 때도 있으나
대부분 빠진 줄도 모른다
글자들은 검은 이빨로 동공 파먹고
뇌수 깡그리 빨아먹고
손가락 끝으로 기어나올 땐
까만 점으로 둔갑한다
점은 점수로 변신하여
처진 어깨 어색하게 건들거리는
출렁이는 줄을 세운다
점수들이 정해주는 지점에

정확히 박혀 살아야 한다
뛰쳐나가기라도 할라치면
모래폭풍 같은 발길질
사정없이 휘몰아칠 것이다

별

돌이
날아온다
무수히 날아온다
피하지 마라
숨지도 마라
(쥐구멍조차 사실 없잖아)
날아오면 오는 대로
맞아라
피투성이 되도록
다 맞아라
이마빡 깬 돌로
허리 숙여
무릎 굽혀
탑을 쌓아라
천 탑이라도 쌓아라
흐르는 피는 공손히 받아
탑에 뿌려라

네 피를 먹고

탑은 자랄 것이다

하늘에 똥침 놓을 것이다

찰주엔 상흔 투성이

별 하나 새로

필 것이다

바람은 잠자는 소리들을 깨워

퇴수기 언 물이 두꺼워지는 소리로 새벽은 파리한데

마당이 수런거린다

게 누구요

게 누구냔 말이오

식지 않는 그리움 쏟아내듯 문을 연다

달빛이 살얼음처럼 깔린 마당

서걱서걱 처마에 걸린 시래기

오래 고여 있던 맑은 눈물 기어이 떨구듯

뎅그렁 뎅그렁 풍경은 품고 있던 소리 떠나보내고

그림자 흔들어 놓고 바람은 맨발의 소리들

어디로 데려 가나

어데다 부려 놓나

젖은 소리들은 새벽 하늘 추운 별에 닿아 반짝이나

꿀비 맞는 날

비비비, 비상 비상 애애애앵 비상

물통들 일사불란

세숫대야에 개밥그릇까지 처맛기슭 아래

일렬횡대 어깨 맞대고 한껏 입 벌려 부동자세

퐁퐁 동그라미로 날아드는 방울방울 빗방울

출렁출렁 신났다

땡볕 불볕 타는 날

고추밭으로 갈 거야

오이밭으로 갈 거야

난 상추밭으로 가야지

말춤

하늘 가장 가깝다며 강동면에서 가장 높은 십팔 층에 웅이 아버지 도형 씨는 삽니다 세탁소 운영하는, 가끔씩 내 아내의 마음까지 세탁해 주는 메꽃 같은 성남댁과 삽니다 봄날 땅 파기 참말로 좋은 때구나 말씀 한마디 남기고 오래 앓으시던 도형 씨 어머니 세상 뜨신 뒤 처음 맞이하는 추석 성묘였지요

  형님 내외
  도형 씨 내외
  손자 손녀 도열하여
  주과포 진설하고
  절하고 제주 뿌리고
  음복으로 못 마시는 술도 마시고
  담배나 피며
  괜히 잔디나 뜯다가
  느닷없이
  〉

어무이, 요새는 이기 대세시더
영각 쓰듯 소리친 뒤
말춤을 강동 스타일로 추었다는데

양팔 엇갈려 말고삐 흔들듯
기마자세 경중경중
세 바퀴 돌았답니다
두 번째 바퀴부터는 듀엣으로
돌았답니다
웅이 아버진 강동 스타일로
웅이 엄만 강남 스타일로

자손들 그렁그렁한 눈으로 떨어진 배꼽 찾는데 웅이 아버지 숨 고르며 잠든 웅이 머리 쓰다듬듯 둥그런 유택 쓰다듬었다지요 막 번지기 시작한 뗏장 뿌리들도 덩달아 신이 났겠습니다 저승에선 오빤 강남 스타일이 유행할 갭니다 저승 사자도 이젠 검은 도포에 선그라스 끼고 말춤 추며 새식구 마중 나올 것 같지요?

개처럼 물을

 여자는, 누레진 수건 머리에 두른 여자는 작은 몸 콩벌레처럼 말고 산비탈 콩밭을 맵니다 아이는, 밭두렁에 퍼질러 앉은 코찔찔이 아이는 개미 몇 마리 손바닥에 올려놓고 놀다 산도라지 몇 뿌리 캐먹습니다

 목이 마르고 헛바닥 알싸해서 뱀딸기 몇 알 따 먹고 근처 옹달샘으로 가서 엉덩이로 하늘 보며 아이는 개처럼 물을 먹습니다 헛헛한 배가 출렁출렁 달고 맑은 샘물로 채워졌습니다

 아이는 샘물에 어른거리는 낯선 얼굴을, 나뭇가지로 찌르자 달아났다 이내 나타나는 뗏국물 흐르는 둥글넓적한 얼굴을 보며 같이 킬킬거리느라 자기를 부르는 소리에도 대답을 안 합니다

 엄마 혼자 집에 간다는 말에 나뭇가지 던지고 뒤뚱뒤뚱 달려갑니다 여자의 등에 업혀 좁은 산길 내려오며 먹다

남긴 감자떡이 떠올라 군침 삼키다 산골짜기 옹달샘에 홀로 남은 아이가, 많이 본 듯한 그 아이가 가엾다 생각하며 잠이 듭니다

 잠에서 깨어나니 아이는 어느 낯선 집에 부려져 있었습니다 머리카락은 희끗희끗했습니다 옹달샘에 혼자 남은 아이는 잊어버렸습니다 안경 쓴 얼굴에 시계가 손목을 죄고 있었습니다 개처럼 물을 먹지 못하고 술 먹는 개가 되어 있었습니다

해설

고라니 혓바닥 같은 시

손진은(시인, 문학평론가)

 김우전은 경주 변두리의 조그만 마을 유금리에서 농사를 짓고 산다. 그가 십수 년 전 "벌레들의 따뜻한 집이" 된, "잃어버린 속도의 한가운데/초록 꿈들이 자란다"는 「폐타이어」라는 작품으로 문단에 나왔을 때, 바람과 풀씨와 벌레와 폐타이어는 흙의 품에 안겨서 생명발현의 과정에 동참하고 있었다. 이런 속도의 시대에 노장의 세계에 가까운 사유라니! 우리는 그 세계가 단회성이나 기껏해야 몇 회쯤 지속되다 끝나지 않을까 예견했다. 그는 여전히 "콘크리트 점수 공장"(「점수 벌레」)에서, 어릴 때부터 자본주의 체제 속에서 경쟁에 길들여져가는 '점수 벌레들을 사육하는' 일을

하고 있었기 때문이기도 했다.

 그러나 이러한 우리의 예상과는 달리 그는 오래지 않아 등단작의 세계에 꼭 알맞을 것 같은 마을, '유금리'로 아예 거처를 옮기면서 그의 시를 그쪽으로 몰아가고 있었다. 글쟁이들이 그의 초대를 받고 "쥐 오줌 무늬 누렇게 글썽이는/골방"(「겨울, 안개밤」)이 있는 그의 집에 당도한 것은 여름날 황혼 무렵이었다. 모깃불 너머로 어디에 숨어 있다가 어스름이 되자 떼로 온 산하와 여름 저녁을 들썩이는 소리가 있었다. 맹꽁이었다. 그 울음 너머로 이미 농부가 다 된 작업복 차림의 그가 느릿한 걸음으로 걸어 나왔다. 불편하지 않느냐고 모두들 물어댔지만 그는 예의 사람 좋은 웃음을 흘릴 뿐, 삼겹살이 익고 몇 순배의 술이 돌 때까지도 이와 관련된 말은 입 밖으로 내지는 않았다. 유금리는 경주시 강동면 지역으로 형산강 하구 형산목 북쪽 제산 기슭에 자리한 마을이다. 면사무소와 인근 소읍에서 그리 멀지 않지만 모든 것은 느리게 휘돌아 결코 다급하지 않는 속도를 유지하는, 도시의 자본이 미치지 않는 아늑한 공간이다. 인근에 간이역(「부조역―유금리 시편」)이 있고, 폐가가 늘어나고 늙은이 혼자 오지 않는 자식들을 관절염 앓는 집에서 하염없이 기다리고(「오래된 신방―유금리 시편」), 장가를 들지 못하는 늦총각이 홀어머니와 함께 살며(「겨울 새벽―유금리 시편」), 대낮엔 "어슬렁거리는 고요"(「빈집―유금리 시편」) 속에 뻐꾸기 소리를 막걸리 한 사발 받고 팔 수

(「뻐꾸기 소리―유금리 시편」) 있는 곳. 봄밤 발정기에 이른 짐승의 울음 소리가 어둠 속에서 들려 추억에 젖게 하며(「봄밤―유금리 시편」), 사람이 일군 곡식을 하늘 식구인 고라니와 맷돼지와 나눠 먹는 곳(「숲 속 국어 시간」, 고구마 밭에서 생긴 일―유금리 시편)이다. 모두가 유족한 생활을 하고 있지는 않지만 그 가난은 타기할 그 무엇이 아니라 과거와 미래를 향해 온전히 열려있고, 무엇보다 자연 생태계 내 모든 존재가 서로 관련을 맺을 뿐 아니라 각 개체의 자기실현을 함께 도모하고 있는 공간이다.

생태계를 유기론적 관점으로 보는 시각 가운데 장회익의 '온생명론'은 라이프니쯔 등의 신과학이나 노장과 선불교를 비롯한 동양의 지혜보다 더 구체적이다. 장회익은 생태계를 총체적 단일체인 온생명으로 파악하고 개별적 생명체를 개체생명이라 명명한다. 또한 개체생녕의 입상에서 사신을 제외한 나머지 부분을 보생명이라 부른다. 이에 따라 개체생명의 생존은 온생명의 생존과 함께 하며, 개체생명은 이들과 연관을 맺는 보생명과 더불어 온생명을 이루는 동시에 독립성을 담지한 개체로서 생존을 유지한다.[1]

유금리라는 공간에서 김우전의 시적 화자가 개별 생명들에 느끼는 연민과 애정은 그 공간 나아가 생태계 내 모든 존재가 온생명적 존재라는 자각을 보여준다. 온생명은 겉

---
1) 장회익(1998), 『삶과 온생명』, 솔,

으로 볼 때 자신과 직접 관련이 없는 것 같지만 보생명적으로는 관련될 수밖에 없는 존재이다.

나의 집 환풍구엔 새 일가가 세 들어 산다 깜깜한 내 귀로는 알아들을 수 없는, 말인지 노래인지 하다가도 인기척이 나면 입을 다물어 버리는 새 가족이 산다 내가 집주인이 되기 전부터 살았던 것 같다

허공에 둥, 둥 뜬 우리의 동거
거대한 숙주에 기생하는 나
세입자 같은 진짜 주인과
주인 행세하는 가짜 주인의
계약서 한 장 없는
아슬아슬한 동거
—「허공에서의 동거」1, 5연

또 어디선가 중심이 무너진 검둥이 한 마리가 와서는 낑낑거리자 누렁이 가만히 머리를 비켜주는 것이었습니다 두 놈의 젖은 몸을 풋가을비는 더 젖게 하고 그들이 허겁지겁 허기 채워 가는 동안 그릇은 제 몸 안의 것을 조금씩 비워주었지요

나는 바다가 저장된 고등어 한손 샀습니다 사내가 건넨

고등어가 지느러미 날개로 날아오는 낮은 허공 아래에서
머리 맞댄 두 마릴 그릇에 달라붙은 마지막 냄새까지 설거
지하듯 핥고 있었습니다

   사내는 무릎 밑의 두 마릴 푸르고 잔잔한 바다 같은 눈
으로 쳐다보는 것이었습니다 마음으로 검둥이의 뒷다리
를 슬쩍 받쳐주는 것 같기도 했답니다 눈에선 금세라도 짠
바닷물이 주르륵 흘러내릴 것 같았지요
―「한식구」 3, 4, 5연

「허공에서의 동거」에서 화자는 겸손하다. 아직 화자의 귀는 새 소리가 말인지 노래인지도 구분하지 못한다. 환풍구에 사는 새 일가족과 나는 아직 서로를 경계하고 있다. 그렇지만 "세입자 같은 진짜 주인"인 새와 "주인 행세하는 가짜 주인"인 '나'라는 소중한 인식을 하고 있으며 더욱이 화자는 "거대한 숙주에 기생하는 나", "허공에 둥, 둥 뜬 우리의 동거"라는 우주적 몸의식, 온생명 의식의 단초를 마련하고 있다는 점이 예사롭지 않다. 자연 생태계 내 모든 존재가 서로 관련될 때 생태계 전체의 생명현상은 발현할 수 있기 때문이다.

「한식구」는 생명의식이 더 나아간 지점에 놓인다. 이 시에서 메기 입 어물장수와 누렁이, 검둥이의 관계는 더 각별하다. 어물장수는 "비칠비칠 기다시피 다가"오는 누렁이에

게 먹던 음식을 그릇째 바닥에 내려놓는다. "후루룩 쩝쩝 먹기 시작하는 누렁이." 여기에 먹는 입이 하나 더 등장한다. "중심이 무너진 검둥이 한 마리." 또 하나의 개별 생명이 있다. 그릇("그들이 허겁지겁 허기 채워 가는 동안 그릇은 제 몸 안의 것을 조금씩 비워주었지요")이다. 우리는 어물장수, 누렁이, 검둥이에 더하여 그릇까지 한식구가 되는 체험을 한다. 인간과 동물과 기물들은 이들 공간에서 유기적으로 연결된다. 이때 "무릎 밑의 두 마릴 푸르고 잔잔한 바다 같은 눈으로 쳐다보는" 사내는 성별에 관계없이 한없이 자애로운 해양(海洋)의 모성을 가졌다. "메기입", "복어처럼 부풀어오른 볼", "넙치 같은 손", 온통 바다의 속성을 띤 신체는 물론 "마음으로 검둥이의 뒷다리를 슬쩍 받쳐주"고 "눈에선 금세라도 짠 바닷물이 주르륵 흘러내릴 것 같"은 심성까지.

그의 이런 인식은 "하얀 총알로 생존 방식을 판매하는"(「어떤 전쟁터」) 자본주의 구조 안에서 그를 부속물처럼 부리고 있었던 욕망 반대편에서 발원한다. 신자유주의에 기초를 둔 자본의 논리에 대한 비판적 인식은 「오늘」이라는 시에 극명하게 나타나 있다.

1
엄마 아빠 이혼한 뒤 외가 비닐하우스에서 혼자 지내다 굶주린 개에게 물려 죽었다 살점 천 갈래 만 갈래 뜯겼단다 아홉 살이었단다 개는 경찰이 쏜 총알 받고 죽었다 한다 하느님 나라에서 둘은 다시 만났단다 아이는 꿰맨 자릴 보여 주며 씨익 웃었고 개는 송곳니 드러내며 총구멍 보여주고 멍 웃었다 한다 때때로 아이는 총알 지나간 구멍 막아주고 개는 꿰맨 자릴 핥아주며 구름 들판 뒹굴며 논다더라

─「오늘」부분

부모의 이혼으로 양육을 받지 못한 아홉 살 아이는 결국 외가 비닐하우스에서 굶주린 개에게 물려 죽는다. 또 인용되지 않은 2장에서는 밖에서 방문을 잠그고 어머니가 야근 나간 사이 불이 나 연기에 질식되어 네 살, 두 살 아이가 죽기도 하고, 3장에서는 수영장에서 엄마가 준 요구르트를 먹고 죽기까지 한다. 근저에는 하나같이 자본주의적 욕망과 그 그늘인 무너진 가족공동체가 놓여 있다. 문제는 그 욕망의 희생자가 어린이들이란 데 있다. 김우전은 부모가 욕망에 불을 켜거나 최소한의 생계를 유지하기 위해 자본에 구속되는 동안 죄 없는 어린 것들이 속수무책 죽어가는 세계를 자본주의의 끝판 '오늘'로 읽는다. 이 상황에서 그는 아홉 살 아이의 살점을 물어뜯은 개를 나무라지 않는다. 천국에서 만난 아이와 개가 꿰맨 자리와 총구멍을 보여주며 웃고, "구름 들판 뒹굴며" 논다는 것은 개와 아이를 연민의 눈길로 봄은 물론 시인이 갈 데까지 간 자본주의적 세계

에 환멸을 느끼고 있다는 것을 의미한다.

이의 대척점에 존재하는 유금리라는 곳은 그런 점에서 성소로 기능한다. 그래서 그는 새벽 밭으로 나가는 길을 그는 "순례에 오른다"고 한다.

    계명성 가물거리고
    나는 순례에 오릅니다

    입구의 근위병 풀들에게
    종아리 맞지 않으려 긴 바지 입고

    하얀 고무신은 벗어
    가지런히 놓습니다

    일배일보 잘 살피는 엄지발가락

    겨울 박해 견딘 힘으로 알뿌리 겹겹 여미는
    양파의 매운 숨소리 피어오르네요

    자랑스레 내민 어린 고추에게
    허리 숙여 묻는 안부

사리 같은 호박 다문다문 달고
넝쿨은 무량하신 햇살젖
넓은 혓바닥으로 널름널름 양껏 챙겨드십니다

천 배 만 배 밀어 올리는 천의무봉의 기적
들끓던 머릿속 쥐떼는 달아났는지

발바닥에 묻힌 흙이 먹여 살리는
나의 하루입니다

―「성지 순례」전문

서시격인 이 시에서 순례는 시인의 일상인데, 이 행위는 자연에 대한 경배에 가깝다. 그에게 땅으로 표상된 자연은 종교적인 실감으로 다가오기 때문이다. 이는 "근위병 풀들"의 모습이나 가지런히 놓는 하얀 고부신, 일배일보의 임지발가락, 사리 같은 호박, 무량하신 햇살젖 같은 종교성이 깃든 용어로 형상화되어 있다. 흙을 향한 발바닥과 온몸의 낮은 순례를 통해 그는 알뿌리 겹겹 여미는 양파의 매운 숨소리를 듣고, 허리 숙여 어린 고추에게도 안부를 물을 수 있으며 "천 배 만 배 밀어 올리는 천의무봉의 기적"을 몸 안에 들일 수 있는 것이다. 흙이 먹여 살리는 매일의 삶, 매일의 노동에 깃든 이러한 경건과 법열은 그가 얼마나 자연에 겸손하게 다가가는지를 보여준다. 이 흙길의 순례는 '잡생각' 혹은 '욕망'으로 읽히는 "머릿속 쥐떼"를 달아나게 한다. 이 과정은 인간 또한 자연이며 인간의 관여 또한 자연현상임을 몸으로 깨닫는 일이기도 하다. 특히 이 시는 '햇살젖'을 언급함으로써 나를 비롯한 자연의 물상들이 천지 우주의 기운 아래에 있음을 보여준다. 우리는 여기서 이성 또한 작동했음을 놓쳐서는 안 된다. 이는 도구적 관습적 이성이 아니라 자연에서 체득하는 추론적 인식능력으로서의 이성인데, 머레이 북친의 말대로 이는 '대안적 이성'[2]에 가깝다. 기본적으로 유금리에 사는 인간들은 이 '대안적 이성'을 소유하고 있다는 것을 알 수 있다.

담배 생각 꾹 눌러가미 참고 있는데 믄 시커먼기 떼거리로 기들어와가 고구마 이랑을 파디비기 시작하는데, 저놈이구나 싶어 몽디를 꽉 쥐고 후라시불을 쏘았다 아인교 바로 그때, 하이고 내사 마, 환장하는거 - 따라 놓은 막걸리를 벌컬벌컥 들이켠다 - 너구린지 멧돼진지 잔뜩 웅크리고 날 노리보미 도망도 안 가고 씩씩거리는데, 아 그 배때지 밑으로 갓난쟁이 머리통만 한 새끼들이 종종거리며 기어드는데 - 철철 넘치는 막걸리를 단숨에 들이켠다

　　내 그걸 보고 우예 두억시니맹키로 몽디를 휘두르겠능

---
[2] 머레이 북친, 문순홍 역(1997), 『사회생태론의 철학』, 솔출판사, 260쪽.

교 내사 기인긴 겨울밤 어무이캉 내캉 심심풀이로 깎아 묵고 삶아 묵을라 카는 긴데 아, 지놈들은 목심이 걸린 일 아이겠능교, 아 목심 말입니더 그걸 아는 내가 우예 그라겠노 말입니더 내도 명색이 사람 아임니꺼 - 손가락으로 휘휘 저어 울대뼈 오르락내리락 들이켠다 - 그래가 고마 후라시 끄고 사알살 나와뻿다 아임니꺼

 오늘, 날 새는 대로 밭에 안 가봤심니꺼 또 및 구딩이 파디비 났데예 쪼맨한 발자국들은 큰 발자국 따라 쫄래쫄래 산으로 올라갔고 마, 한 잔 더 따라 보소 내 안직 안 취했구마 마이 묵고 너그 새끼들 잘 건사해라 내 인자는 너그 묵는 거 간섭 안 할 끼구마는 내가 심은 고구마 먹고 크니까 너그는 내 새끼도 된다 아이가 마이 무라 어무이캉 내캉 긴긴 겨울밤 깎아 묵고 삶아 묵을 꺼는 남기 나야 된데이 카고 웃고 말았심더

 보름 가까워 오는 달은 오늘밤 고구마밭 품에 안고 탱탱 불어오른 젖 물릴 것이다 너구린지 멧돼진지 그놈 식구들 오늘밤도 배가 든든할 것이다 김 형 홍얼홍얼 갈지자걸음으로 돌아가는 길, 달이 따라가며 처진 어깨 두드려주고 있었다 달은 방까지 따라가 엉덩이 둥실한 색시처럼 그의 넓은 품에 안겨 막걸리 냄새에 더불어 취할 것이다
　　　　－「고구마 밭에서 생긴 일-유금리 시편」 3-6연

경상도 방언과 걸쭉한 입담의 호흡이 착 감기며 역동성을 유감없이 펼쳐 보이는 시편이다. 이 시는 막걸리를 마시는 '김 형'의 행위가 그의 이야기와 함께 전개된다. "자작으로 거푸 들이켜고"(1연), "한 잔 쭈욱 들이켠다"(2연), "따라 놓은 막걸리를 벌컥벌컥 들이켠다"(3연), "손가락으로 휘휘 저어 울대뼈 오르락내리락 들이켠다"(4연), "마, 한 잔 더 따라 보소 내 아직 안 취했구마"(5연) 등 마지막 연을 빼고 삽입되는 막걸리 마시는 동작과 발언이 고구마 수확 감소로 흥분된 김 형의 언술에 적절히 녹아들어 읽는 재미와 감동을 더해 준다. 이런 형식 속에 '김 형'의 자연의 이치에 대한 깨달음과 나의 판단이 개입(6연)된다. 자연에서 몸소 체험하여 깨닫는 추론적 인식능력을 갖고 있다는 말은 바로 그런 의미다. 이런 깨달음이 가장 잘 드러나는 부분은 5연, "내가 심은 고구마 먹고 크니까 너그는 내 새끼도 된다 아이가 마이 무라 어무이캉 내캉 긴긴 겨울밤 깎아 묵고 삶아 묵을 꺼는 남기 나야 된데이"라는 구절이다. 자연과 인간의 존재론적 연결성은 6연에서 시적 화자인 나의 추론과 예감으로 구체화된다. 고구마밭 품에 안고 탱탱 불어오른 젖 물리고, 김 형의 처진 어깨를 두드려주는 달이 이제는 엉덩이 둥실한 색시처럼 그의 넓은 품에 안긴다는 말은 인간과 자연, 우주는 서로 스며들며 몸을 나누는 사이라는 생태적 깊이에 도달하고 있음을 예증한다. 생태계에 존재하는 모든 대상은 소우주로서 그 자신 안에 세계 전체를 반영하며 각 세포는 생태계의 온갖 정보를 담게 되므로 합생(合生, 화이트 헤드)에 이르게 되는 것이다. 이런 체득적 이성이 극적인 양상을 띠고 환상의 영역까지 거느린 작품이 표제시인 「숲 속 국어시간」이다.

> 다 모였어
> 멧돼지 빼곤 다 왔니다
> 그래, 이놈 어디 오기만 와 봐라
> 작년엔 고구마도 반 넘게 캐 먹고
> 옥수수는 하나도 남김없이 먹어치우더니만
> 어쭈, 이젠 지각까지 해?
>
> 다른 건 안 가르치고
> 출입을 금합니다만 가르칩니다
> 그 글자 눈에 박히도록
> 그 구절만 보면 발길 절로 돌려지도록
> 백 번씩 외게 해놓고
> 참나무에 등 대고 참바람 소리 안주 삼아
> 나는 막걸리를 마실 겝니다
> 음주 수업인 셈이지요
>
> 막걸리 냄새 맡고 지각생 멧돼지 쿵쿵거리며 오겠지요

벌주를 먹여야겠지요
나는 잔에, 놈은 병째
주거니 받거니
그러다 나도 모르게 잠이 들지요
잠결에 볼 훑는 축축하고 뜨듯한 기운에 실눈 뜨면
샘요, 종례 안 합니꺼 아ㅡ들 다 가뿌렀니더
둥글고 새까만 눈망울의 고라니만 남아
시큰둥한 얼굴로 내려다보고 있겠지요
―「숲 속 국어시간」 2-4연

'―겠지요'의 상상으로 이루어진 교실이 시인의 마음 속 숲 자락에 있다. 그러기에 그 현장은 판타지에 속한다고 할 수 있다. 워낙 많은 채소를 야생동물이 먹어버렸기에 화가 난 화자는 집합명령을 내리는데, 그 현장이 어느새 교사와 학생의 교실로 대치된다. 수업내용이 "출입을 금합니다."라는 구절만 백 번씩 외게 하는 시간이란 게 참 유쾌하다. 그 문장만 읽어내면 농작물 손실이 없을 것이란 생각 때문이다. 그리곤 "참나무에 등 대고" 막걸리를 마시기 시작하는데 그 냄새를 맡고 지각생 멧돼지가 쿵쿵거리며 다가오고, 화자는 그놈에게 벌주로 주거니 받거니 대작을 하다 잠든다. 그때 "잠결에 볼 훑는 축축하고 뜨듯한 기운에 실눈 뜨면" "둥글고 새까만 눈망울의 고라니"의 "샘요, 종례 안 합니꺼 아ㅡ들 다 가뿌렀니더"라는 말을 듣는다는 백일몽이다. 시인의 예기와 기대로 가득한 상상 속 음주 수업은 그 공간이 성소이기에 가능하다. 그곳에서 자기 안에서 활동하는 시인의 생태적 반응이 나온다. 그것은 막걸리를 나눠마시는 상상에서 현실로 이동하여 나눔과 상생, 호혜로 결실을 맺는다. "한 밭이 키운 것들 먹었으니" 자신이 짐승과 사촌이라는 것이다.

「숲에 눕다」는 김우전의 이런 시적 지향이 우주적으로 확산되고 있는 시편이다.

> 소나기 그치고 일광욕하는 굴참나뭇잎들
> 멸치떼 몰려다니는 것 같다
> 나는 삐걱삐걱 기어들어 벌거숭이로 눕는다
> 뭉게뭉게 피어오르는 비릿한 내음
> 나는 태아같이 웅크린다
> 양수처럼 에워싸는 나부들의 그림자
>
> 숲의 뿌리 깊은 묵언에 등 대고
> 아득하게 흘러가는 구름같이 헤엄쳐본다
> 풍선처럼 떠오른 나는
> 향 맑은 바람에 섞인다
> 나뭇잎에서 햇살은 탭 댄스 추며
> 온몸 반짝이게 한다

경계 없는 허공 누비던 새들은
깔리는 어둠 들추며 돌아오리라
숲은 오늘 가장 먼저 당도한
일억 년 전의 외로운 별을 마중하리라
별들은 떼를 지어 날아와
주렁주렁 반짝이는 잎으로 걸리리라

밤이 되면 빛잔치 흥성이리라
갓난이처럼 말랑말랑해진 나를 태우고
숲은 거대한 배가 되어
허공 바다로 떠오르리라
뿌리들은 배를 저어 가리라
고래등 같은 무덤들은 헤엄치며 따르리라

―「숲에 눕다」전문

화자는 자신의 몸을 기꺼이 배를 저어("뻐걱뻐걱 기어들어") 벌거숭이로 눕고 "대자연의 비릿한 내음" 속에 "태아로 웅크린다." 이는 화자 스스로가 전 생태계의 관계망 속에 안겨 우주 자연으로 승화되고 있다는 증거다. 나는 "구름같이 헤엄"쳐 "향맑은 바람에 섞이고", 온몸 반짝이는 "햇살은 탭 댄스"를 춘다. 새들은 날아오고, 숲은 먼저 당도한 "일억 년 전의 외로운 별을 마중"한다. 날아온 "별들은 반짝이는 잎으로 걸"린다. 나와 새와 별은 각각의 고유성이 발휘되면서도 스스럼없이 몸 나누기를 하면서 경계 없는 허공 속에서 현재와 과거, 이편과 저편의 시공이 섞이면서 만상의 차이가 무화되는 지점에 도달한다. 밤이 되면 숲은 거대한 배가 되어 마침내 "말랑말랑해진 나를 태우고" "허공 바다"로 떠오른다. 이때 배를 저어가는 노(櫓), 뿌리에 들려 "고래등 같은 무덤들"도 헤엄치며 뒤따른다. 죽음이 죽음으로 끝나지 않고 새로운 생성의 바탕이 된다는 것을 보여주기에 족하다. 생태계의 모든 개체들, 심지어 죽음(무덤)마저도 다른 개체와 상호작용하는 가운데 각 개체와 생태계 전체가 전일적(全一的)이라는 것은 소멸하면서 생성하는 엔트로피의 순환성을 담지한다.

유금리라는 생태공동체가 시인에게 일깨운 또 하나의 선물은 가난했던 어린 시절의 원체험으로의 이행, 그 시점으로 현재의 나를 위무하는 의식이다. 「새벽」이 전자라면, 「개처럼 물을」은 후자에 해낭되는 작품이다.

   젊은 아배 지게 위 어둠 지고 나간 지 한 식경 되도록 마당은 컴컴한 얼굴로 엎드려 있곤 했다 쌀별 드문드문 피어 있는 새벽은 초가지붕처럼 순한 꿈으로 젖어 있곤 했다 홑이불처럼 덮인 어스름 깨우며 쌓이는 햇감자 소리에 멀건 죽 같은 표정으로 일어나는 새벽이 있었다

   이슬 반짝이는 얼굴 서로 부비며 정지문앞 옹기종기 모

인 감자, 누렁소가 감자 살다 간 자리 같은 우멍하고 순한 눈으로 흙분 바른 얼굴에 오래 눈맞추는 새벽이 있었다 마을에서 가장 먼저 길어 올린 우물물 찰그랑찰그랑 솥에 붓고 솔가지 탁탁 분질러 아궁이에 집어넣는 어메의 작고 딱딱한 손이 있었다

이불 속에서 배를 감싸고 뒤척이다 퍼져오는 감자 익는 냄새에 코가 먼저 깨어 지게문 열고 까까중머리 들이미는 어린 아들이 있었다 시르렁 무쇠 솥뚜껑 밀고 허연 김 속으로 얼굴 묻으며 젓가락 포옥 찔러보는 어메가 문득 고갤 들어 버짐 핀 머리 호박꽃처럼 누렇게 쳐다보는 새벽이 있었다

이런 때면 돌담에 앉은 어린 호박에게 송아진 눈 맑은 이슬 인사를 건네는 것이다 어미소는 아, 그 두텁고 뜨듯하니 김이 나는 순하디 순한 혓바닥으로 송아지의 목딜밀 스륵스륵 핥아주는 것이다 이슬이 새앙쥐 볼가심할 것 없는 초가 한 채를 온전히 적시듯 새벽은 늘 마음까지 가만히 젖게 하는 것이다 새벽은 어메 마음 가장 깊은 곳의 물까지 길어 올리는 것이다

—「새벽」 전문

여자는, 누레진 수건 머리에 두른 여자는 작은 몸 콩벌

레처럼 말고 산비탈 콩밭을 맵니다 아이는, 밭두렁에 퍼질러 앉은 코찔찔이 아이는 개미 몇 마리 손바닥에 올려놓고 놀다 산도라지 몇 뿌리 캐먹습니다

목이 마르고 혓바닥 알싸해서 뱀딸기 몇 알 따 먹고 근처 옹달샘으로 가서 엉덩이로 하늘 보며 아이는 개처럼 물을 먹습니다 헛헛한 배가 출렁출렁 달고 맑은 샘물로 채워졌습니다

아이는 샘물에 어른거리는 낯선 얼굴을, 나뭇가지로 찌르자 달아났다 이내 나타나는 땟국물 흐르는 둥글넓적한 얼굴을 보며 같이 킬킬거리느라 자기를 부르는 소리에도 대답을 안 합니다

엄마 혼자 집에 간다는 말에 나뭇가지 던지고 뒤뚱뒤뚱 달려갑니다 여자의 등에 업혀 좁은 산길 내려오며 먹다 남긴 감자떡이 떠올라 군침 삼키다 산골짜기 옹달샘에 홀로 남은 아이가, 많이 본 듯한 그 아이가 가엾다 생각하며 잠이 듭니다

잠에서 깨어나니 아이는 어느 낯선 집에 부려져 있었습니다 머리카락은 희끗희끗했습니다 옹달샘에 혼자 남은 아이는 잊어버렸습니다 안경 쓴 얼굴에 시계가 손목을 죄

고 있었습니다 개처럼 물을 먹지 못하고 술 먹는 개가 되
어 있었습니다

―「개처럼 물을」전문

지독히 가난했던 부모와의 추억이 깃든「새벽」에서 우리가 눈여겨봐야 할 부분은 "이불 속에서 배를 감싸고 뒤척이다 퍼져오는 감자 익는 냄새에 코가 먼저 깨어 지게문 열고 까까중머리를 들이미는 어린 아들의 버짐 핀 머리를 호박꽃처럼 누렇게 쳐다보는 어매"의 마음이다. 그래서 시인은 "새벽은 어메 마음 가장 깊은 곳의 물까지 길어 올린다"고 쓴다. 그 물이란 아들을 보는 어매의 안쓰러움이며 한이 아닐 것인가. 새벽이 희뿌옇게 밝아오는 것을 "죽 같은 표정으로 일어"난다고 표현한 것도 같은 맥락이다.

「개처럼 물을」에 나타나는 코찔찔이 아이도 먹을 게 없는 건 마찬가지다. 그가 먹는 것은 기껏해야 산도라지 몇 뿌리, 뱀딸기 몇 알, 엉덩이로 하늘 보며 개처럼 마시는 물뿐이다. 그래도 아이는 즐겁다. 샘물에 어른거리는 낯선 얼굴을 나뭇가지로 찌르는 놀이로. 마침내 그 아인 엄마의 등에 업혀 "산골짜기 옹달샘에 홀로 남은 아이가 가엾다 생각하며 잠이" 든다. 놀라운 일은 그 잠이 현재까지 이어진다는 것(5연). 잠에서 깨어나 보니 아이는 낯선 집에 부려져 있는데, 머리카락이 이미 희끗희끗하다. 옹달샘에 남겨진 아이는 잊어버렸고, 세상에 대한 시력을 잃고("안경 쓴

얼굴"), 시간에 쫓기며("시계가 손목을 죄고 있었습니다"), "개처럼 물을 먹지 못하고 술 먹는 개가" 된 중년의 자신을 보는 당혹감이다. 우리는 여기서 화자가 인간과 자연, 개체와 전체가 하나로 있던 어린 시절의 아이로부터 현재의 자신을 정화하고 있음을 발견한다. 감자떡에 군침을 삼키며 개처럼 물을 먹던 어린 시절이 오늘을 성찰하게 한다. 이 점은 「새벽」도 마찬가지다. '햇감자 소리에 새벽이 일어난다'거나, '누렁소가 감자 살다 간 자리 같은 우명한 눈으로 흙분 바른 얼굴에 오래 눈맞춘다', '송아지가 돌담에 앉은 어린 호박에게 눈맑은 이슬 인사를 건넨다', '이슬이 새앙쥐 볼가심할 것 없는 초가 한 채를 적신다' 같은 구절들은 어린 시절의 '나'가 우주와 자연, 동물과 식물, 각 개체와 전체가 상호 조응하는 세계 속에 살고 있었음을 보여준다. 그 세계의 무늬와 소리들은 기억 속에 선명히 남아 현재의 술 먹는 개가 된 '나'를 위로하고 치유하는 것이다.

김우전이 어린 시절, 천둥 벌거숭이에서 낙원을 발견하는 것은 어리고 올망졸망한 인간이나 동식물은 분별지(分別智)에서 자유롭기 때문일 것이다. 그 어린 영혼 속에서 생명의 우주적 발현이 실행된다.

  바람이 잰 걸음으로 와서 눅눅한 슬픔 닦아내자 하늘은 보랏빛 이불 한 자락 펼쳐 기슭의 마을을 덮습니다 바람이 긴 혀로 여린 꽃잎 핥는 이런 때엔 하늘까지 눈물이 번지

기도 하는가 보네요

  흔들리는 것이 먼 하늘로 아장아장 걸어 올라가는 것처럼 보입니다 새로 핀 고요의 무늬 제 몸으로 받아 저녁은 오늘의 첫별을 띄워 파르스름하게 흐느끼기도 하나 봅니다

—「달개비」 3, 4연

  경주 강동면 유금리에는요 기차가 산굽이 돌아 병아리 물 한 모금 마실 시간만큼만 멈칫하는 扶助驛이라는 간이역이 있지요 이놈의 앉은 뽄새를 볼라치면, 혼자 소꿉놀이 하는 어린 누인데요 봄날 오후처럼 늘 꾸벅꾸벅 졸고 있지 않겠어요 그러다가도 하루 네 번 서는 통일호나 느림보 비둘기가 올 때만큼은요 언제 그랬냐는 듯 말랑말랑한 가슴 헤쳐 말간 얼굴로 타고 내리는 두꺼운 손 한번 슬쩍 잡아보고 떠나는 기차 마지막 칸을 더덕꽃잎 눈으로 그렁그렁 바라보곤 하지요

  낮에는요, 양쪽으로 훤히 뚫린 철길 따라 안강이나 포항 다녀오는 바람이 역사에 들러 심심한 역무원의 목덜미를 애인 머리 쓰다듬듯 살살 어루만지기라도 하면 토라져 돌아앉아 마음 비운 척 먼산배기처럼 있다가도 기차가 산모퉁이 돌아 느릿느릿 숨 몰아쉬는 기미가 보이면 역무원보

다 먼저 앙증맞은 엉덩이를 들썩인답니다 오지랖은 또 얼마나 넓은지 숙제 안 했다고 벌청소하고 돌아가는 아이 보고 키득거리다 그 아이 눈알 부라리면 시치미 떼는 데는 선수이지요

—「부조역―유금리 시편」1, 2연

인용이 되지 않았지만 「달개비」에서 "하느님이 떨군 한 방울 눈물"인 달개비는 "바람의 연골 따라 하늘하늘 흔들"린(1연)다. 꽃잎은 "초저녁달 딸꾹질 같"(2연)다. 그 눈물은 "하늘까지 번"진(3연)다. 그러다 "먼 하늘로 아장아장 걸어 올라"가기까지 한다(4연). 작은 생물의 우주적 호흡이라 할 만하다.

「부조역―유금리 시편」은 자잘한 움직임이 가장 살아 있는 시편이다. 부조역은 혼자 소꿉놀이하는 어린 누이의 양태로 묘사된다. 말간 얼굴로 더덕꽃잎 같은 눈으로 그렁그렁하다가도 바람이 "역무원의 목덜미를 살살 어루만지기라도 하면" 금세 토라져 돌아앉는다. 그러나 그것도 잠시, 기차가 오는 기척에 엉덩이를 들썩이며 오지랖 넓게도 벌청소하고 돌아가는 아이에게 키득거리기까지 한다. 별들이 찾아오면 눈 맞추고, 바람과 뺨 부비며 어깨동무도 하고, 말간 하늘과 이마 맞대고 살기도 한다.

김우전의 시에서 낮고 고요하고 깊은 떨림은 개체의 작

용과 천체의 요동이 상호 조응하는 가운데 펼쳐지는 에너지의 흐름으로 작동한다. 아무리 하찮은 미물이라도 우주와 호흡하면서 그 자신 안에 생태계 전체 질서를 반영한다. 개체와 개체, 개체와 전체가 전일적인 상태에서 상호작용하는 생명의 공간, 그 틈이 김우전 시인의 경작지이다. 그 틈에서 "도린곁 오두막 궁기나 핥으며" "아무리 울어도 닿지 못하는 울음"(「봄밤―유금리 시편」)의 촉수를 따라, "손자가 아!"하면 "늦가을 해도/꿀꺽 받아먹"(「아―유금리 시편」)는, "죽음조차도 달게 씹어 먹는 파안대소!"(「죽음 한 장」)로 나아간다. 확실히 김우전은 "날마다 흘려주는 눈물로" 돌 속 초승달을 키우는(「돌」) 순전한 시인이다. 아침 햇살이 까치 소리와 범벅이 되는 한때, "밝고 맑은 이가 넓적다리 베고 누워" 듣는 "옹달샘 목 축이는 고라니 헛바닥 같은 시"를 읽는 기쁨이 여일하다.

애지시선

002 붉디 붉은 호랑이   장석주 시집
003 붉은 사하라   김수우 시집
004 자전거 도둑   신현정 시집
005 정비공장 장미꽃   엄재국 시집
006 기차를 놓치다   손세실리아 시집
007 바람의 목례   김수열 시집
008 그리운 연어   박이화 시집
009 뜨거운 발   함순례 시집
010 정오의 순례   이기철 시집
011 그 남자의 손   정낙추 시집
012 즐거운 세탁   박영희 시집
013 구룡포로 간다   권선희 시집
014 좋은 날에 우는 사람   조재도 시집
015 여수의 잠   김열 시집
016 축제   김해자 시집
017 뜻밖에   박제영 시집
018 꽃들이 딸꾹   신정민 시집
019 안개부족   박미라 시집
020 아배 생각   안상학 시집
021 검은 꽃밭   윤은경 시집
022 숲에 들다   박두규 시집
023 물가죽 북   문신 시집
024 마늘 촛불   복효근 시집
025 어처구니 사랑   조동례 시집
026 소주 한 잔   차승호 시집
027 기찬 날   표성배 시집
028 물집   정군철 시집
029 간절한 문장   서영식 시집
030 고장 난 아침   박남희 시집
031 하루만 더   고증식 시집
032 몸꽃   이종암 시집
033 허공에 지은 집   권정우 시집
034 수작   김나영 시집
035 나는 열 개의 눈동자를 가졌다   손병걸 시집
036 별을 의심하다   오인태 시집
037 생강 발가락   권덕하 시집
038 피의 고현학   이민호 시집
039 사람의 무늬   박일만 시집
040 기울어짐에 대하여   문숙 시집
041 노끈   이성목 시집
042 지독한 초록   권자미 시집
043 비데의 꿈은 분수다   정덕재 시집
044 글러브 중독자   마경덕 시집
045 허공의 깊이   한양명 시집
046 둥근 진동   조성국 시집
047 푸른 징조   김길녀 시집